DISCOURS

PRONONCÉS PAR

MM. H. Leroy, Avocat; Cacheux, Juge d'Instruction; et F. P. de Bautel, Sous-Préfet.

SUR LA TOMBE DE

M. AMÉDÉE-LOUIS-JOSEPH

LALLIER,

Négociant, Officier de la Légion-d'Honneur, Membre de la Chambre des Députés et Maire de la ville de Cambrai.

(Décédé le 24 Juin 1835, et inhumé le 26.)

(STERNE, Tristram Shandy.)

Cambrai,

Chez LESNE-DALOIN, Imprimeur-Libraire.

DISCOURS

DE

Monsieur **H. LEROY**, Avocat.

———

Messieurs,

De toutes les pertes qui ont affligé cette Cité, il n'en est pas de plus cruelle que celle que nous déplorons aujourd'hui. C'est qu'il n'est aucun de ses enfans qui lui ait rendu plus de service ; aucun qui lui en promettait davantage, que M. Lallier, que l'homme excellent dont tout à l'heure il ne nous restera plus que des souvenirs et des regrets : regrets déchirants ! souvenirs honorables !

Député de cet arrondissement à la représentation nationale, il n'y obéit jamais qu'aux inspirations d'une conscience droite et pure, inspirée elle-même par l'amour de notre chère patrie.

Premier magistrat de cette ville, sa conduite est au-dessus de tout éloge. Qui pourra dire son zèle, sa capacité, sa bonne administration, sa sage économie, son affection si paternelle et si vive pour tous ses administrés. Mais c'est surtout à la classe malheureuse qu'était acquise toute sa sollicitude.

Nous l'avons vu quand un fléau destructeur la décimait, le braver pour arriver jusqu'au lit du pauvre malade : l'entourer de charités, de soins, de consolations. Oh! mon cher Lallier, puisque tu devais nous être sitôt ravi, pourquoi n'as tu pas fini dans l'exercice de ce beau dévouement? du moins ta mort eut été digne de ta vie! mais périr écrasé, meurtri sous les pieds d'un cheval, c'est une horrible fatalité!

Comme homme privé, en était-il un meilleur? un plus humain? un plus sensible? Répondez infortunés qui ne lui avez jamais demandé en vain. Répondez vous tous qu'il a accueillis, servis, obligés. Obliger était pour son cœur une véritable jouissance; c'était un besoin de chaque instant: aussi, à combien de ses concitoyens n'at-il pas été utile? quel est celui pour qui il n'a pas fait ce qui était en son pouvoir?

Sa mort prématurée est donc une perte pour cet arrondissement, pour cette ville, pour tous ses concitoyens.

Mais c'est surtout pour ses amis, pour sa famille qu'elle est affreuse et cruelle.

Oui, vous, ses enfans chéris, votre perte est

incommensurable. Pleurez ! votre ami, votre père, votre providence n'est plus ! pleurez !!... mais après ce premier tribut de votre juste douleur, songez qu'il vous en demande d'autres.

Entourez de soins et d'amour, votre mère, cette douce compagne de sa vie, qui la lui a rendue si belle; cet ange de bonté qui ne peut plus vivre que de votre affection.

Vous, ses fils, efforcez-vous de l'imiter; de devenir d'autres lui-même, afin de pouvoir un jour consoler de sa perte cette Cité qui en restera long-temps veuve, et qui le regrettera toujours.

Au moment où nous allons abandonner ta dépouille mortelle, du haut du Ciel où tes vertus ont dû te faire trouver place, contemple, ô mon excellent ami, cette foule immense rassemblée pour te rendre les derniers devoirs. Vois les larmes de la reconnaissance ; entends les sanglots de l'amitié. C'est le plus bel, le plus pur hommage que nous puissions t'offrir, c'est la récompense d'une belle vie. Elle t'était bien due.

Adieu ! ô le meilleur des hommes, ô le plus tendre, le plus sûr des amis, adieu ! va, tu n'es pas mort tout entier : tu vivras à jamais dans tous les cœurs qui ont bien connu le tien. Adieu ! adieu !

DISCOURS

DE

Monsieur **CACHEUX**, Juge d'Instruction.

Messieurs,

Des cris unanimes d'inquiétude et d'alarmes qui, pendant vingt-quatre heures, ont précédé la mort dont nous gémissons; la consternation qui règne dans toute la Cité, la stupeur dont elle est saisie, sont les témoignages les plus fidéles de l'immensité de la perte qui nous accable. Oui, Messieurs, c'est la voix du peuple qui parle, elle ne trompe jamais; car ce n'est pas l'adulation qui peut agir sur toute une population, ni qui peut la précipiter, en quelque sorte, sur les derniers pas du mourant, ou sur sa tombe : des sentimens plus nobles l'inspirent et la dirigent : c'est celui de la vérité, celui de l'amour mérité. — Telle est, Messieurs, la cause très simple de l'émotion que produit, en ces douloureux momens, un malheur public et irréparable.

S'il est consolant de voir la tombe d'un magistrat, du député chargé des plus chers intérêts du pays, environnée de cette expression universelle et tout à la fois si rare de l'opinion publique (juge sévère des actions de ceux qui ne sont plus); c'est, d'un autre côté, c'est ici, Messieurs, qu'on est bien plus frappé de la faiblesse de notre existence, en ce moment que nous avons sous les yeux les restes froids et inanimés de l'homme qui, plein de santé il y a peu d'instans et promettant de longs jours, venait de sacrifier son temps aux devoirs du député, qui venait de donner ses soins et son appui à tant d'intérêts privés qui ne lui ont jamais été recommandés en vain. Il rentrait dans ses foyers pour se consacrer de nouveau aux intérêts généraux d'une cité qui s'honorait et était heureuse de le posséder pour son premier magistrat; sa famille, ses amis, tous enfin se faisaient une fête de son retour.... Il n'est plus!...

Amédée-Louis-Joseph LALLIER était issu, par son père, d'une famille municipale justement considérée, et par sa mère, de ce que le haut négoce avait ici de plus recommandable. Il sortait à peine de l'enfance, lorsque les fureurs révolutionnaires lui enlevèrent, par une mort cruelle, l'auteur de ses jours. Privé des bienfaits d'une instruction étendue et variée, que des temps meilleurs nous ont rendue, il a su trouver, dans ses dispositions naturelles, dans son jugement sain, dans son bon cœur, enfin dans les faibles études que les circonstances permettaient alors de se procurer, de quoi suppléer à ce que nous n'avions plus. Bientôt, il apprit à discerner ce qui n'appartenait qu'aux horreurs de la révolution, d'avec le bien qui devait succéder à tant de calamités; et il lui fut alors aussi honorable que facile de se tenir dans les bonnes voies d'une juste et sage modération, en employant ses lumières et ses efforts à opérer tout le bien qui était dans son cœur. Des manières douces et paternelles, toujours pleines d'aménité, une justice invariable, un esprit droit, des vues bien conçues, une fermeté louable dans leur exécution, ont signalé tous les actes de sa vie administrative. On aimera long-temps à le prendre pour modèle. — Sa carrière judiciaire, d'abord comme juge, puis comme président du tribunal de commerce, n'a pas été moins digne d'éloges.

Infatigable dans sa bienfaisance, lorsqu'il s'agissait d'obliger, il croyait qu'il n'avait rien fait, s'il se voyait forcé de remettre quelque bonne action au lendemain.

Ces excellentes qualités étaient comme innées chez notre ami : sans acception des personnes, ses bienfaits se répandaient sur tous ceux qui ve-

naient à lui, ou que lui-même recherchait ou
faisait rechercher. Digne fils de la plus tendre et
de la plus vertueuse des mères, il avait hérité
d'elle ces vertus qu'il mettait en pratique avec une
épouse chérie et comme lui prodigue de charités
et de toutes autres bonnes œuvres.

Gratifié des faveurs de la fortune, il imprima
un grand essor à ses affaires commerciales. De
nouveaux projets utiles sont encore en ce moment
en voie d'exécution. Un accord admirable dans sa
famille, l'instruction solide qu'ont reçue ses enfans, leur concours dans ses affaires, la plus active
surveillance exercée sur tous les détails, même
pendant l'absence du père, avaient permis à
celui-ci les longs déplacemens que lui imposaient
ses fonctions de député. Nous savons tous qu'il
n'a jamais discontinué de s'en acquitter avec au-
tant de conscience que d'exactitude, au grand
avantage de la Cité et de ses concitoyens en parti-
culier.

Ce n'est donc pas seulement, Messieurs, le
deuil d'une famille éplorée, d'une tendre épouse,
d'intéressants enfans livrés à la plus légitime déso-
lation : c'est le deuil d'une ville toute entière, et
particulièrement de tant d'amis dont un caractère
aussi affable et des qualités si précieuses augmen-
taient chaque jour le nombre.

Et c'est en très peu d'instans, c'est par le malheur le plus imprévu, c'est comme par un coup de la foudre du ciel, qu'il nous est ravi au milieu des plus brillantes espérances, triste et déplorable exemple de la fragilité des choses humaines.

Ce n'était pas nous, cher ami, qui devions venir exprimer nos regrets sur ta tombe et nous associer à ce deuil général; de longues années devaient être marquées pour toi après la fin des nôtres, il devait t'être réservé de continuer long-temps le bien que tu as fait, qui t'a fait tant aimer, et qui est cause que ta mort excite tant et de si vives douleurs. — Mais il faut nous résigner aux décrets de la providence. Déjà, tu dois occuper, dans un autre monde, la place du juste. Si, aujourd'hui, tu manques, dans ce bas-monde, à ta famille, à tes amis, à tes concitoyens affligés de ta perte; pour toi, ta vie n'a pas été moins pleine. En vivant encore, tu aurais continué tes bonnes œuvres : mais ta tâche était remplie, et c'est dans la paix de l'ame que tu as payé le tribut auquel est condamnée l'humaine nature. *Satis vixit qui bene vixit.*

Adieu notre ami, adieu Lallier !

DISCOURS

DE

Monsieur **F. P. DE BANTEL**, Sous-Préfet.

Et moi aussi, Messieurs, j'éprouve le besoin de déposer un souvenir sur cette tombe si fraîchement ouverte, et qui va se refermer pour jamais.

Dans cette triste et lugubre cérémonie qui nous réunit tous, ici, dans un sentiment commun de douleur, j'ai cru devoir m'abstenir, comme étranger à cette ville, de rappeler les qualités de l'homme privé, mais comme premier magistrat de cet arrondissement, c'est à moi qu'il appartient de rappeler les qualités de l'homme public. C'est en présence des enfans qu'il convient de parler des vertus du père !

M. Lallier fût un de ces hommes dont le patriotisme pur et véritable sait se révéler pendant le cours de leur carrière, dans toutes les circonstances où le pays en réclame des preuves, et les

souvenirs honorables qu'il a laissés, comme
exemples à ses enfans, témoignent de son dévouement à sa patrie.

Appelé à de hautes fonctions consulaires,
M. Lallier apporta avec lui dans l'exercice de la
présidence du tribunal de commerce, qui lui fût
confiée par le suffrage de ses concitoyens, la pro-
bité de conscience de l'honnête homme, la sévère
impartialité du magistrat.

Je ne vous redirai point ici, Messieurs, tous les
services que M. Lallier a rendus, comme maire,
à cette Cité, ce soin vient d'être dignement rempli :
et d'ailleurs vous tous, vous vous souvenez assez
du bien qu'il avait fait, pour deviner celui qu'il
aurait pu faire.

Son existence politique a mis en relief, et déve-
loppé sur un plus grand théâtre les sentiment et
les opinions qui furent le principe et la règle de
toute sa vie ; successivement investi, à deux fois
différentes, du mandat de député, il se présenta à
la chambre élective avec les antécédens d'une vie
honorable, et armé d'une conviction politique
inébranlable, si l'on peut définir la conviction politique par une opinion qui n'a jamais failli. Il
votait avec cette partie saine et éclairée de la
chambre, qui sait accorder sa confiance au gou-
vernement lorsqu'il s'agit de réprimer les factions,
et qui a le courage de la lui retirer, alors qu'il se

place en dehors de la raison et de la légalité.

Il revenait enfin parmi nous, après une session laborieuses, cet homme de bien, pour jouir, au sein de sa famille et auprès de ses amis, d'un repos si justement acquis, lorsque la mort, par un de ces coups qui rendent les décrets de la providence inexplicables, le ravit au monde; le ciel s'est ouvert pour lui !

Ah ! s'il est dans un monde meilleur une récompense pour le juste ! que le spectacle d'une famille en larmes, d'une ville plongée dans la tristesse, soit, ô Lallier ! la tienne dans le ciel.

Messieurs, la ville de Cambrai vient de faire une perte difficile, très difficile à réparer ! la société regrette un honnête homme, la France compte un bon citoyen de moins !